PETIT

# ATLAS ÉLÉMENTAIRE

*Cartes écrites dont se compose le petit Atlas élémentaire* (A).

N⁰ˢ 1 Mappemonde.
 2 Europe.
 3 Europe centrale.
 4 Asie.

N⁰ˢ 5 Afrique.
 6 Amérique.
 7 Océanie.
 8 France.

*L'Atlas* (B) *contient en outre les 8 cartes muettes suivantes :*

N⁰ˢ 1 *bis.* Mappemonde muette.
 2 *bis.* Europe muette.
 3 *bis.* Europe centrale muette.
 4 *bis.* Asie muette.

N⁰ˢ 5 *bis.* Afrique muette.
 6 *bis.* Amérique muette.
 7 *bis.* Océanie muette.
 8 *bis.* France muette.

Nota. Dans la carte n° 8, le coloris indique les divisions de la France par bassins, par ressorts de cour d'appel et par départements. Dans la carte n° 3, la France est divisée par départements et par anciennes provinces.

Tout exemplaire qui ne porte pas ma signature est contrefait.

*Ach. Meissas*

---

Paris. — Typographie Panckoucke, rue des Poitevins, 14.

# PETIT
# ATLAS ÉLÉMENTAIRE

PAR

## MM. ACHILLE MEISSAS
ET
### AUGUSTE MICHELOT

Dressé

POUR LA PETITE GÉOGRAPHIE MÉTHODIQUE

ET

LE MANUEL DE GÉOGRAPHIE DES MÊMES AUTEURS

Ouvrages autorisés par le Conseil impérial de l'instruction publique

# PARIS
## CHEZ L. HACHETTE ET Cⁱᵉ
RUE PIERRE-SARRAZIN, N° 14
(Près de l'École de médecine)

1857

# OUVRAGES DE MM. ACHILLE MEISSAS ET MICHELOT,

### QUI SE TROUVENT CHEZ LES MÊMES LIBRAIRES.

## GÉOGRAPHIE.

Dictionnaire de Géographie ancienne et moderne, contenant tous les articles importants de géographie physique, politique, commerciale et industrielle, et les notions indispensables pour l'étude de l'histoire ancienne et moderne, autorisé par le Conseil impérial de l'instruction publique; 1 vol. grand in-8° de 1000 pages à trois colonnes, et 8 cartes soigneusement gravées et coloriées. Prix, broché.............................. 4 50

Nouvelle Géographie méthodique, par MM. Achille Meissas et Michelot, suivie d'un petit traité sur la construction des cartes, autorisée par le Conseil impérial de l'instruction publique; 1 vol. in-12, prix, cartonné.................................. 2 50

Petite Géographie méthodique, par les mêmes; 1 vol. in-18, cartonné............. » 60

Tableaux de Géographie, par les mêmes, autorisés par le Conseil impérial de l'instruction publique; 27 tableaux sur couronne, et un tableau de procédés......... 3 «

Manuel de Géographie, contenant les mêmes tableaux; 1 vol. in-18, cartonné...... » 75

Géographie ancienne, comparée avec la géographie moderne, par MM. Achille Meissas et Michelot, autorisée par le Conseil impérial de l'instruction publique; 1 vol. in-12, cartonné................................................................. 2 50

Petite Géographie ancienne, par les mêmes; 1 vol. in-18, cartonné................ 1 «

Géographie sacrée, par les mêmes, avec un plan de Jérusalem, autorisée par le Conseil impérial de l'instruction publique et approuvée par Mgr l'Archevêque de Paris et par plusieurs autres prélats; 1 vol. in-18, cartonné................... 1 25

Feuilles d'Exercices géographiques pour les 8 cartes de l'atlas A, divisées en 3 degrés : 1° cartes muettes complètes; 2° projections et contours des côtes; 3° projections des méridiens et des parallèles seulement; sur demi-carré, avec de larges marges sur lesquelles les élèves peuvent écrire leurs compositions de géographie. Chaque carte. 10 c. et 12 ½ c.

## GRAMMAIRE.

Grammaire française, par MM. Achille Meissas, Michelot et Picard, autorisée par le Conseil impérial de l'instruction publique; 1 vol. in-12, cartonné............... 1 35

Tableaux de Grammaire, par les mêmes, autorisés par le Conseil impérial de l'instruction publique.................................................... 3 »

Manuel de Grammaire, contenant les mêmes tableaux; 1 vol. in-18, cartonné...... » 75

Exercices de Grammaire et d'Orthographe, par les mêmes auteurs; 1 vol. in-12, cartonné............................................................. 1 35

Corrigés des Exercices; 1 vol. in-12, cartonné................................. 1 35

## HISTOIRE.

Tableaux d'Histoire de France, par MM. Achille Meissas et Michelot........... 3 50

Manuel contenant les mêmes tableaux et le portrait de chaque roi; 1 vol. in-18, cart. » 75

## LECTURE.

Méthode de lecture sans épellation, par MM. Lamotte, Perrier, Meissas et Michelot, autorisée par le Conseil impérial de l'instruction publique et par l'Institut des Sourds-Muets; 66 tableaux sur couronne................................... 3 75

Manuel pour les instituteurs, contenant les mêmes tableaux et les procédés de l'enseignement; 1 vol. in-18............................................... 1 »

— La même, sans les procédés de l'enseignement, à l'usage des élèves; 1 vol. gr. in-18, broché............................................................... » 25

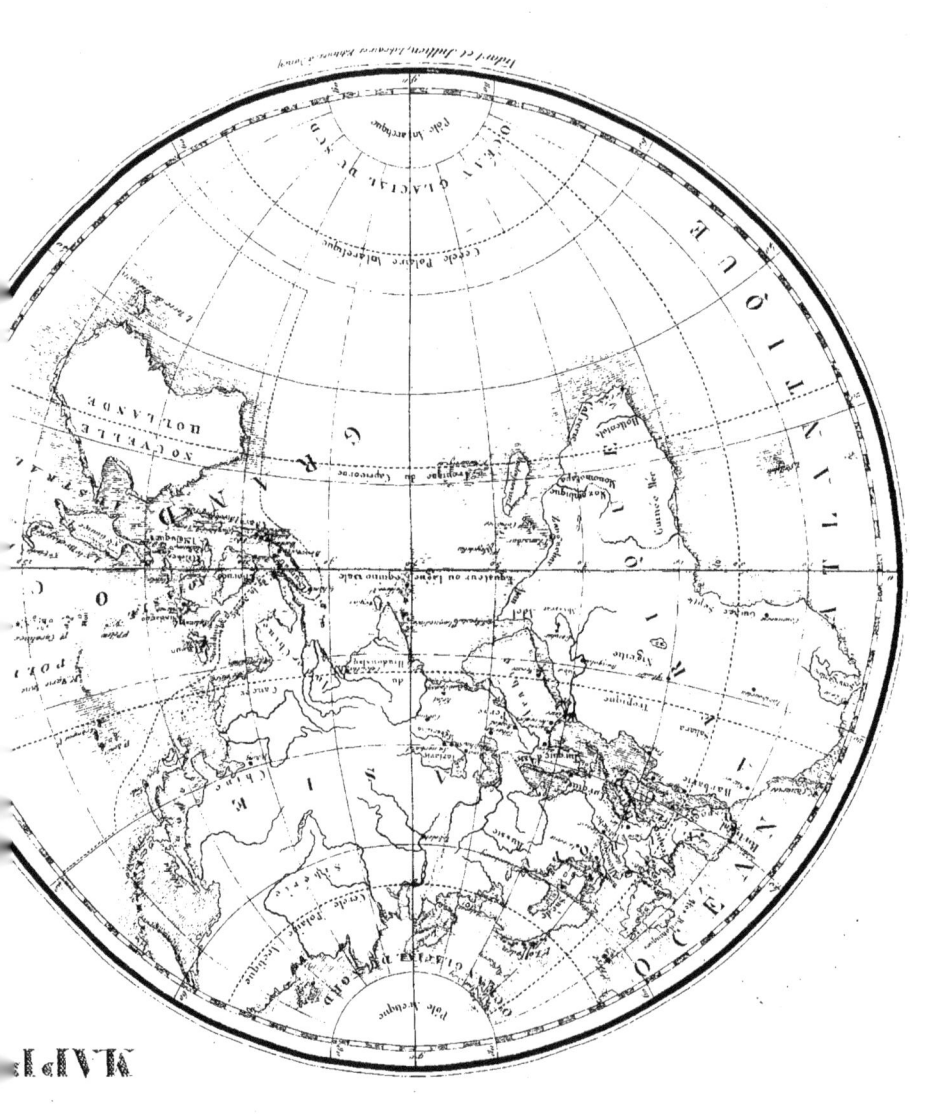

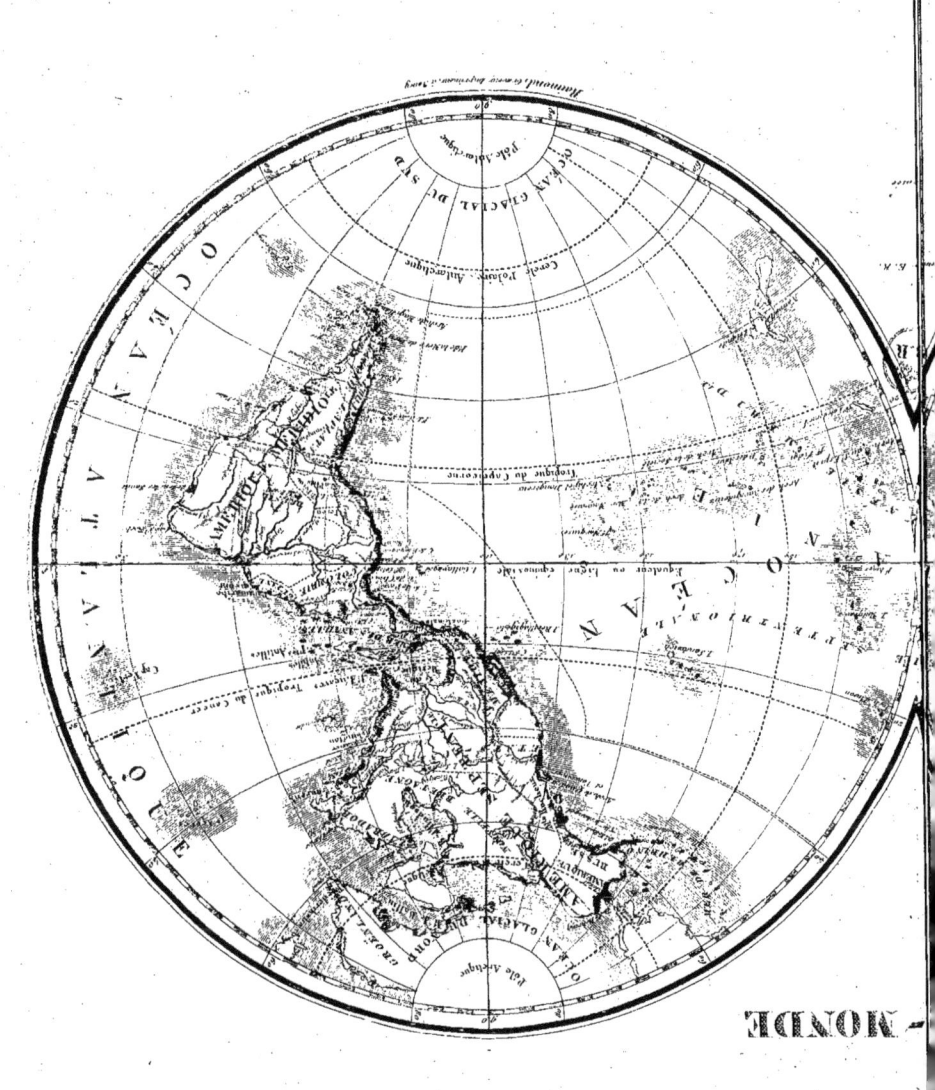

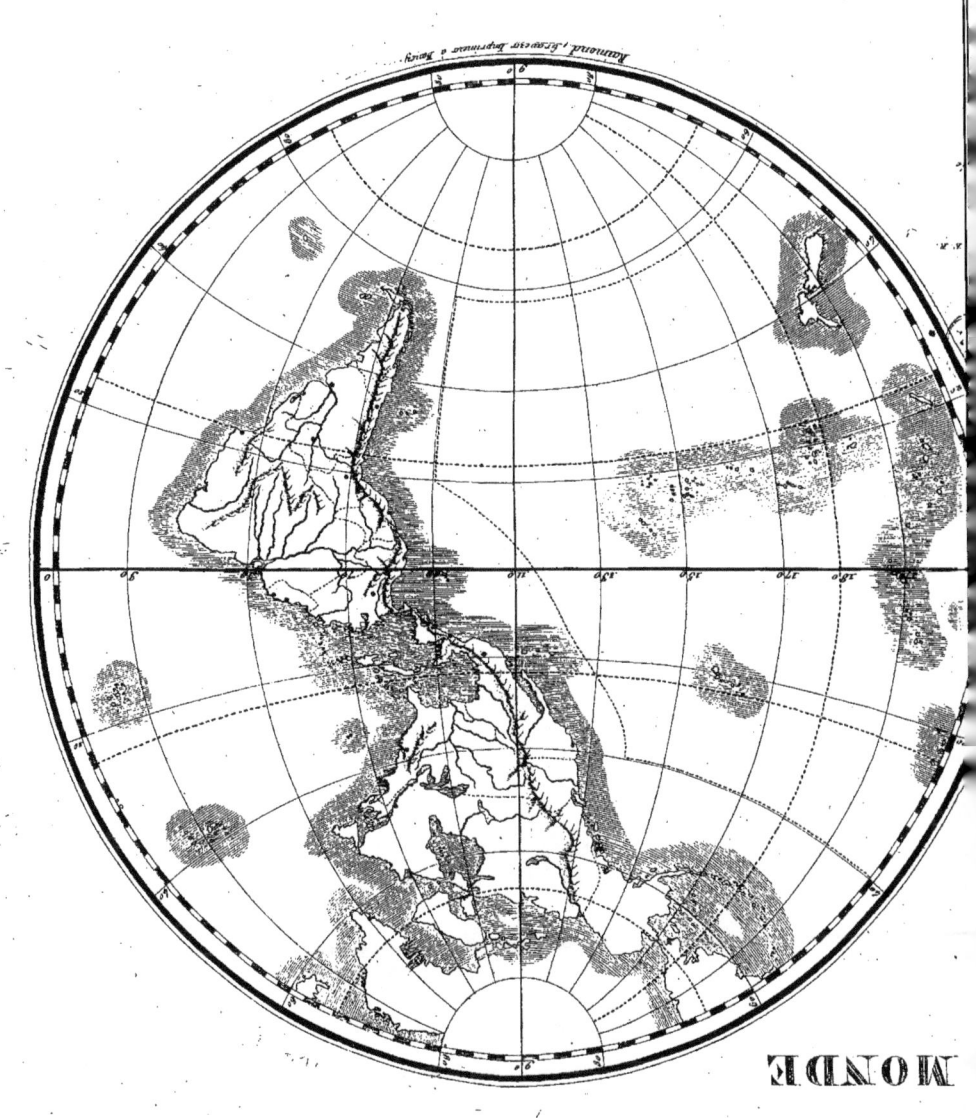

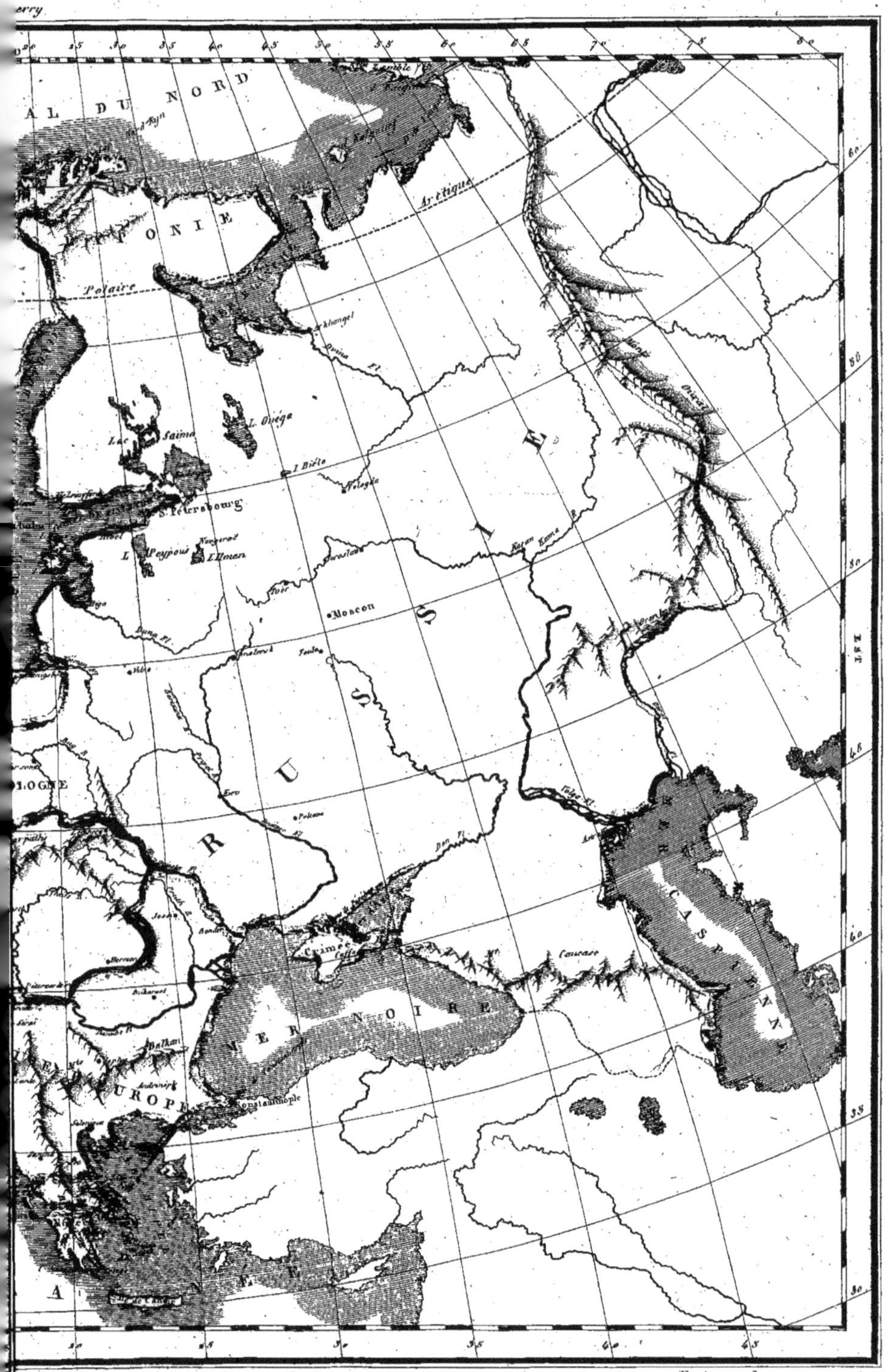

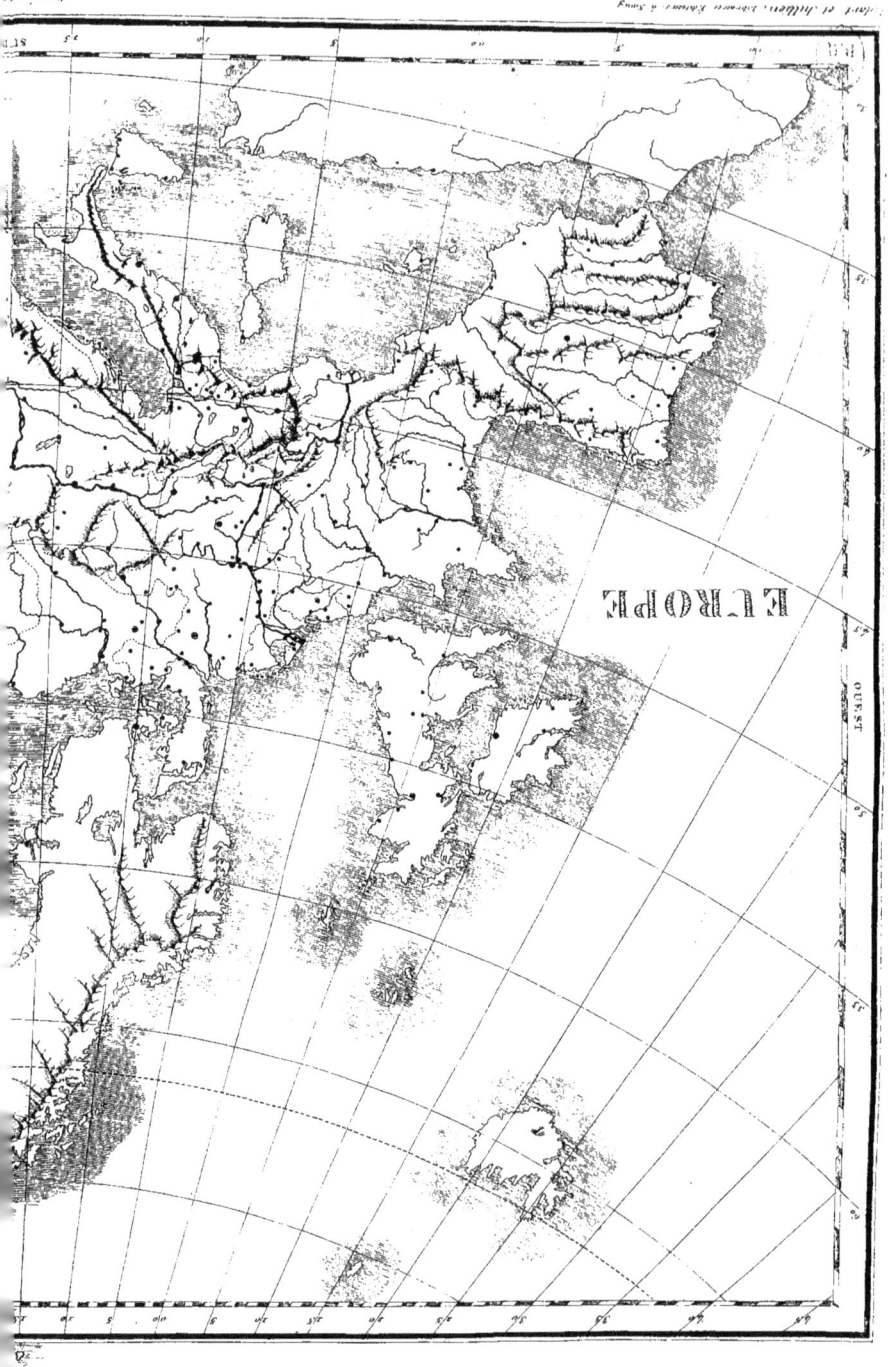

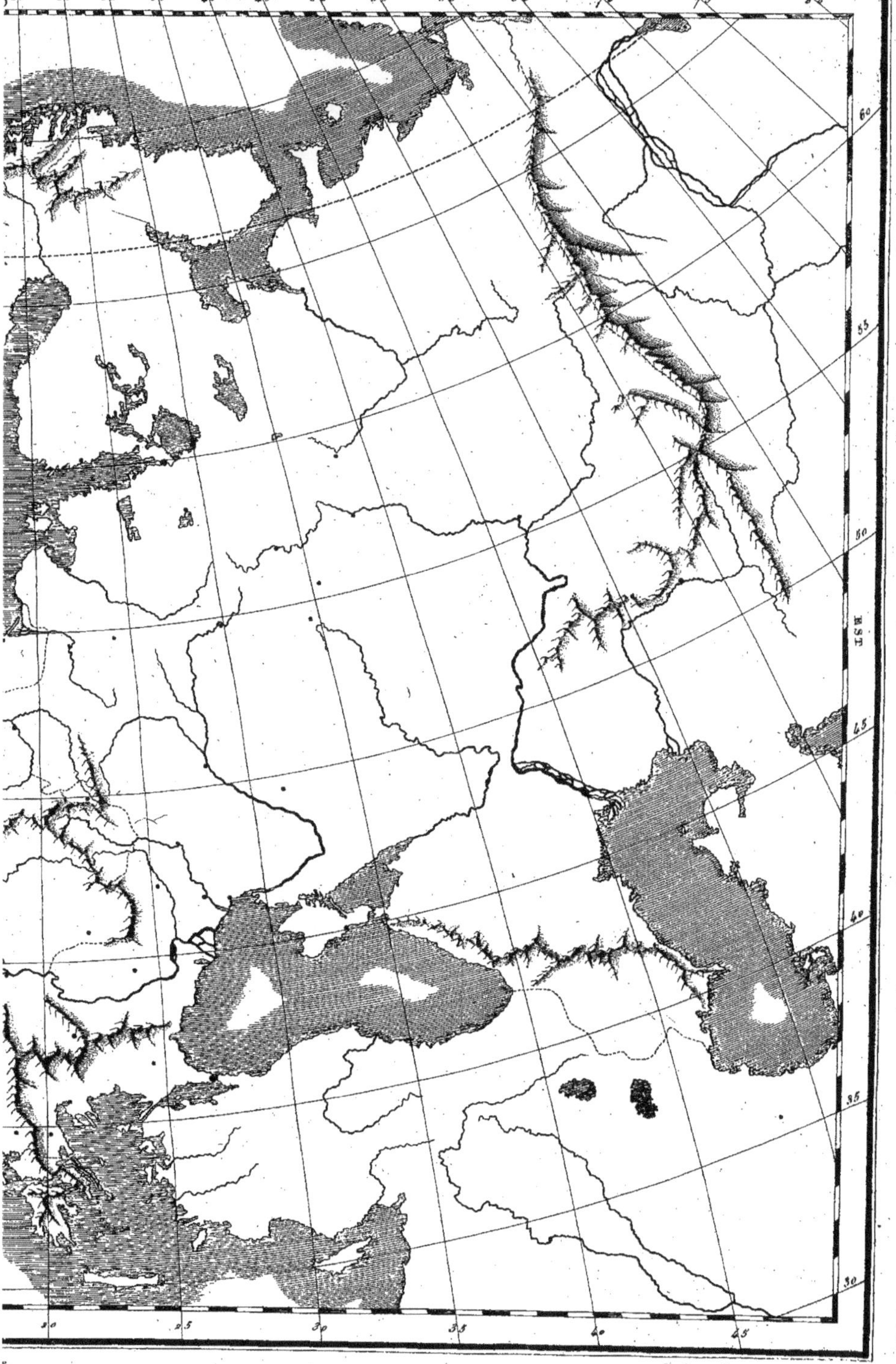


Raimond, Graveur Imprimeur à Nancy.

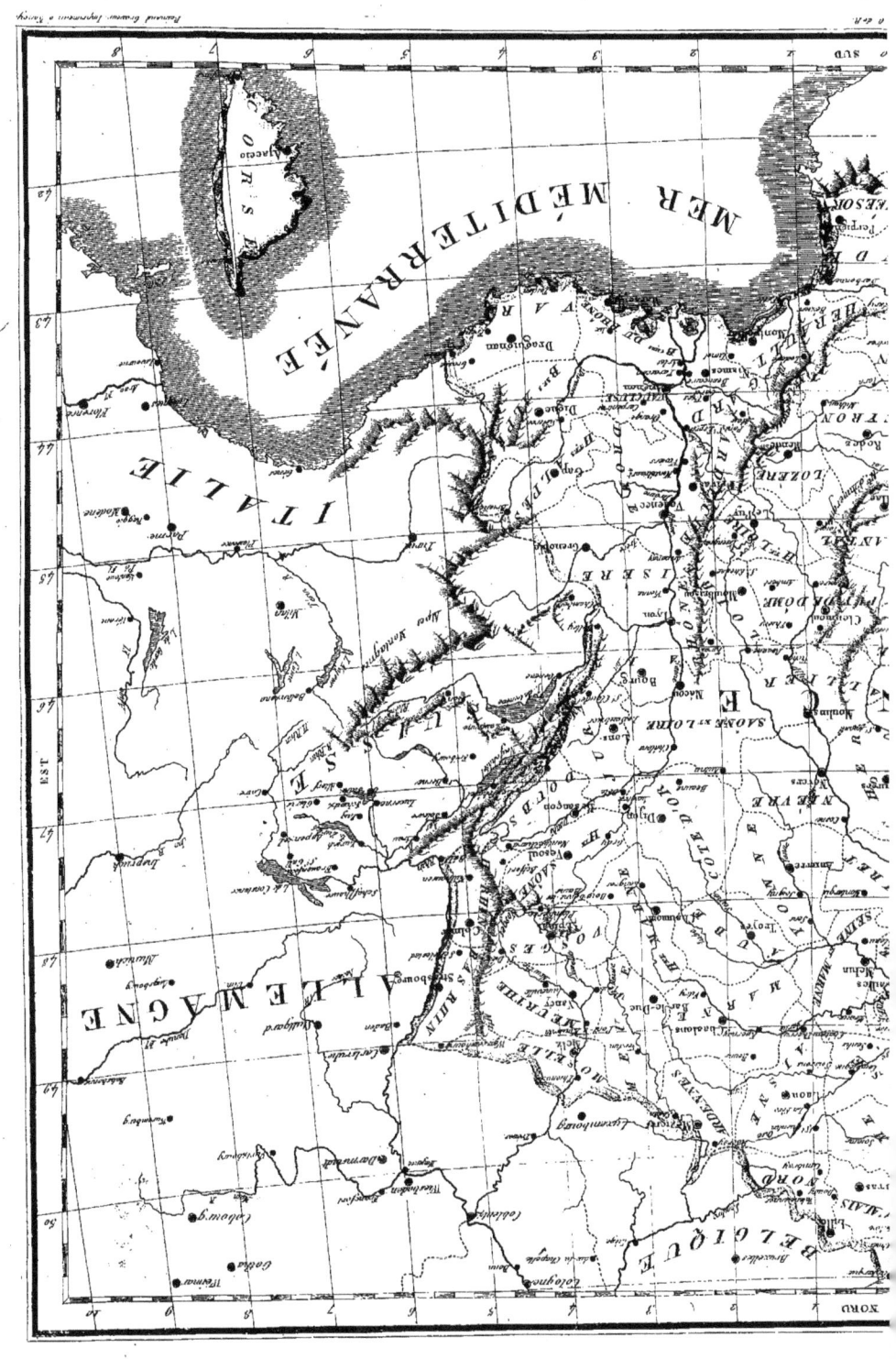

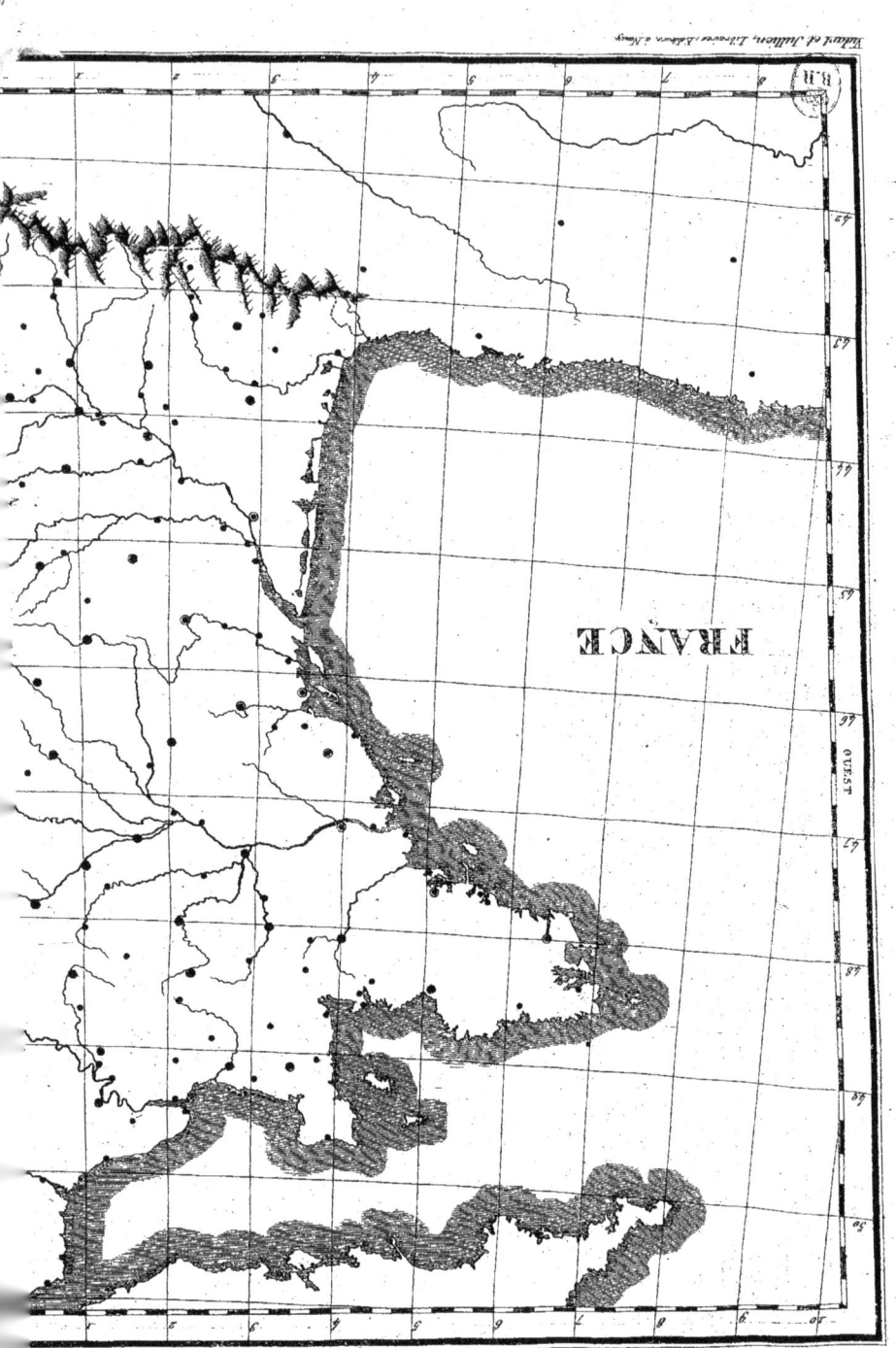

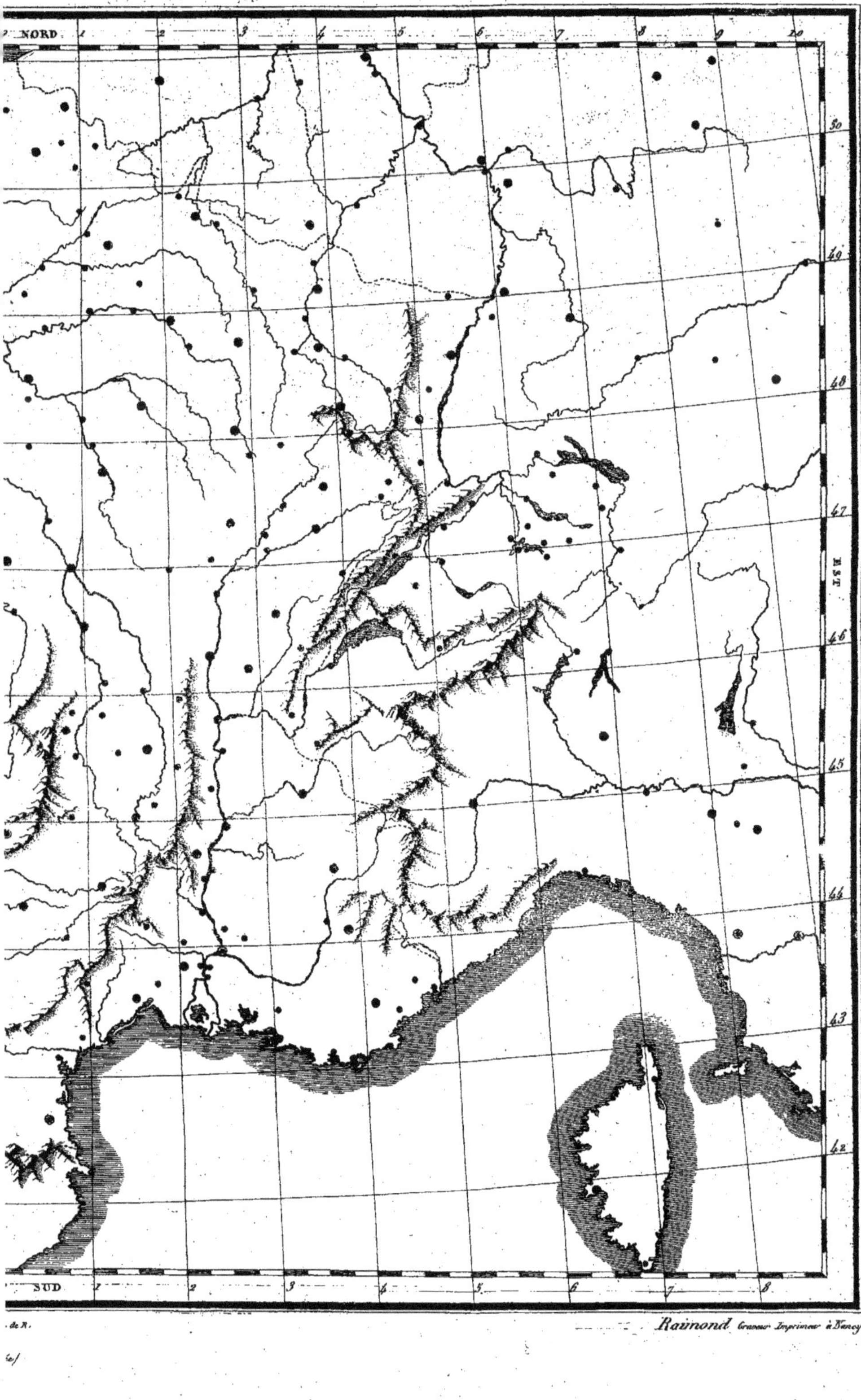


. de R.

Raimond Graveur Imprimeur à Nancy.

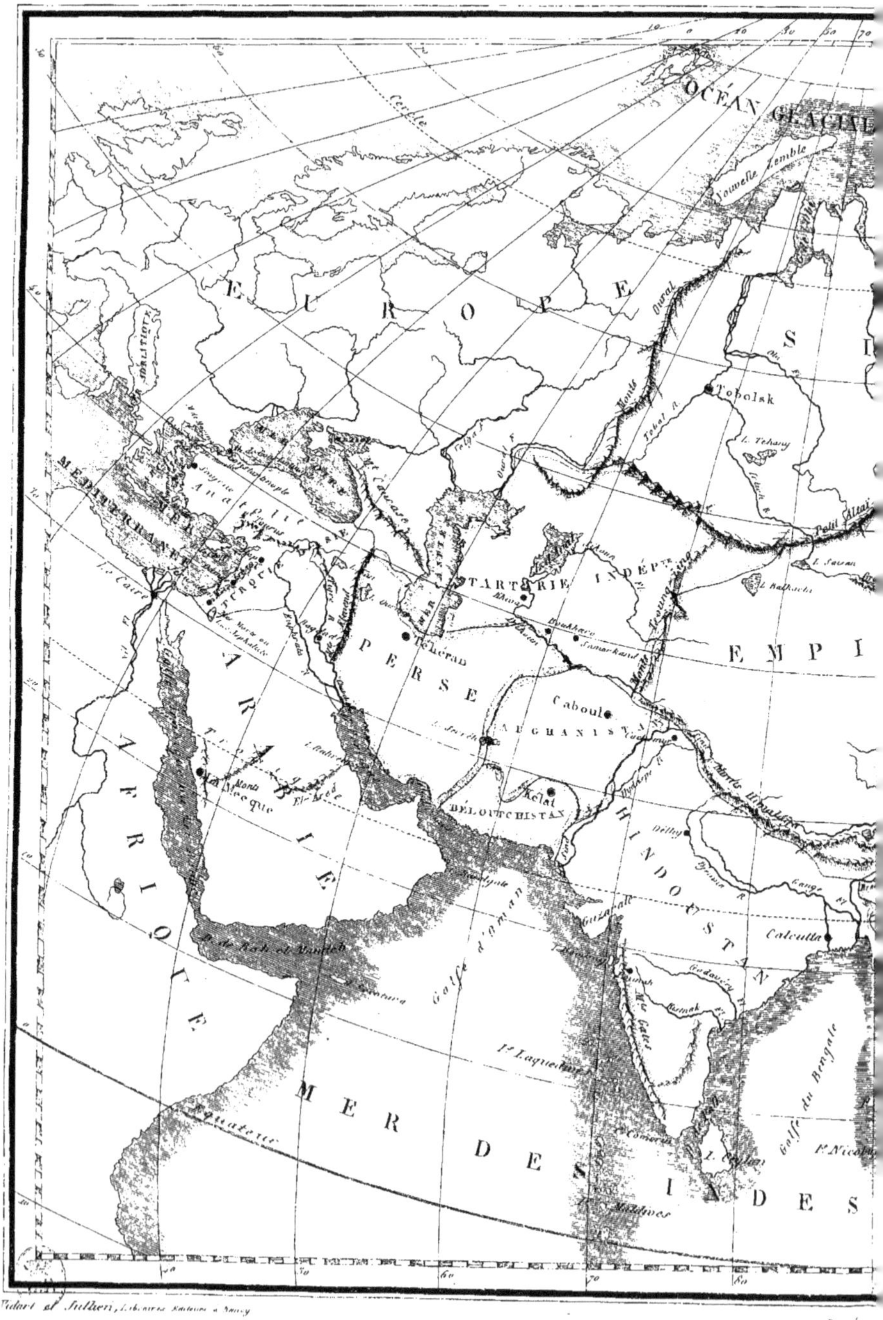

Vidart et Julien, Libraires Éditeurs à Nancy
Dressé par

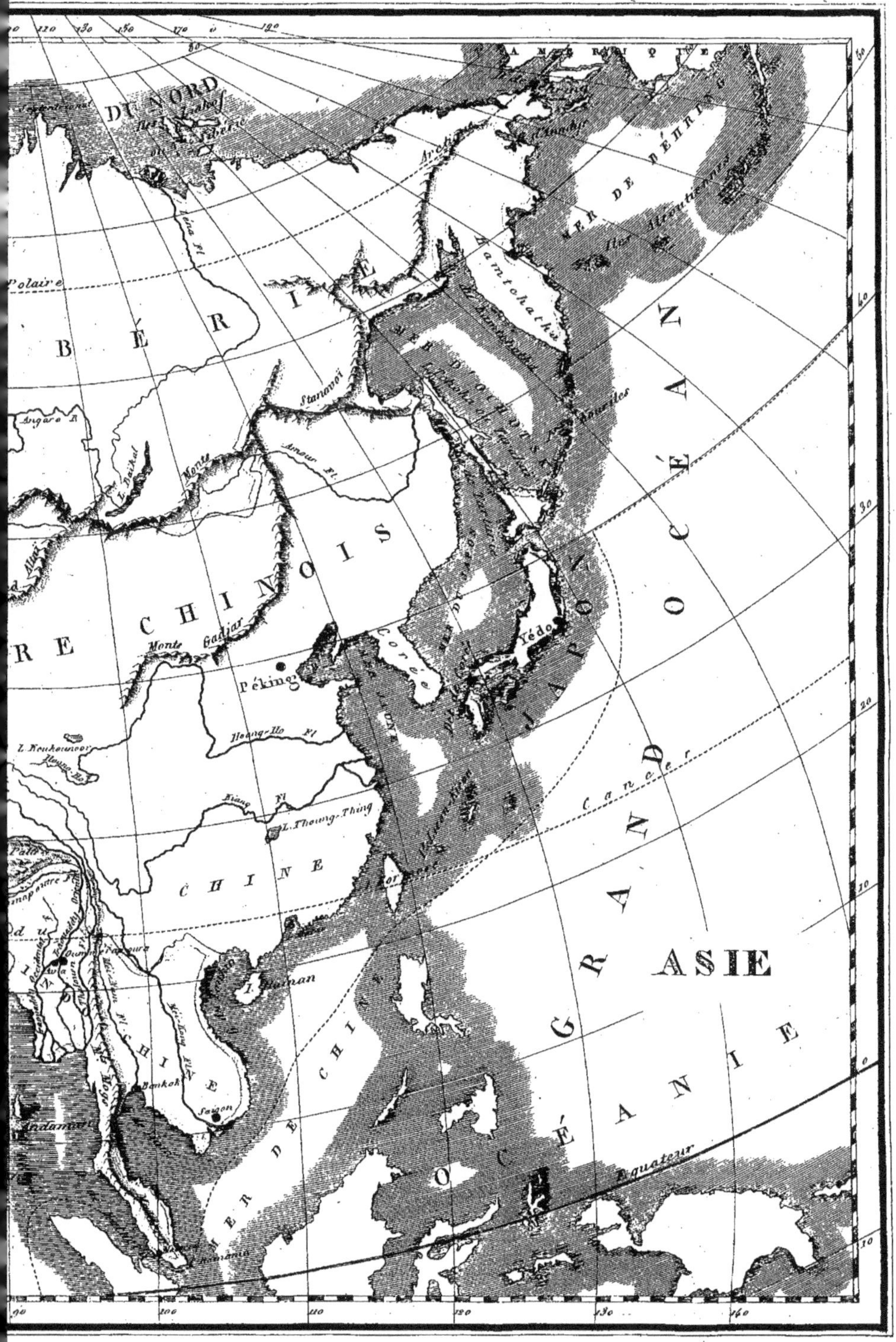


Raimond, Graveur Imprimeur à Nancy

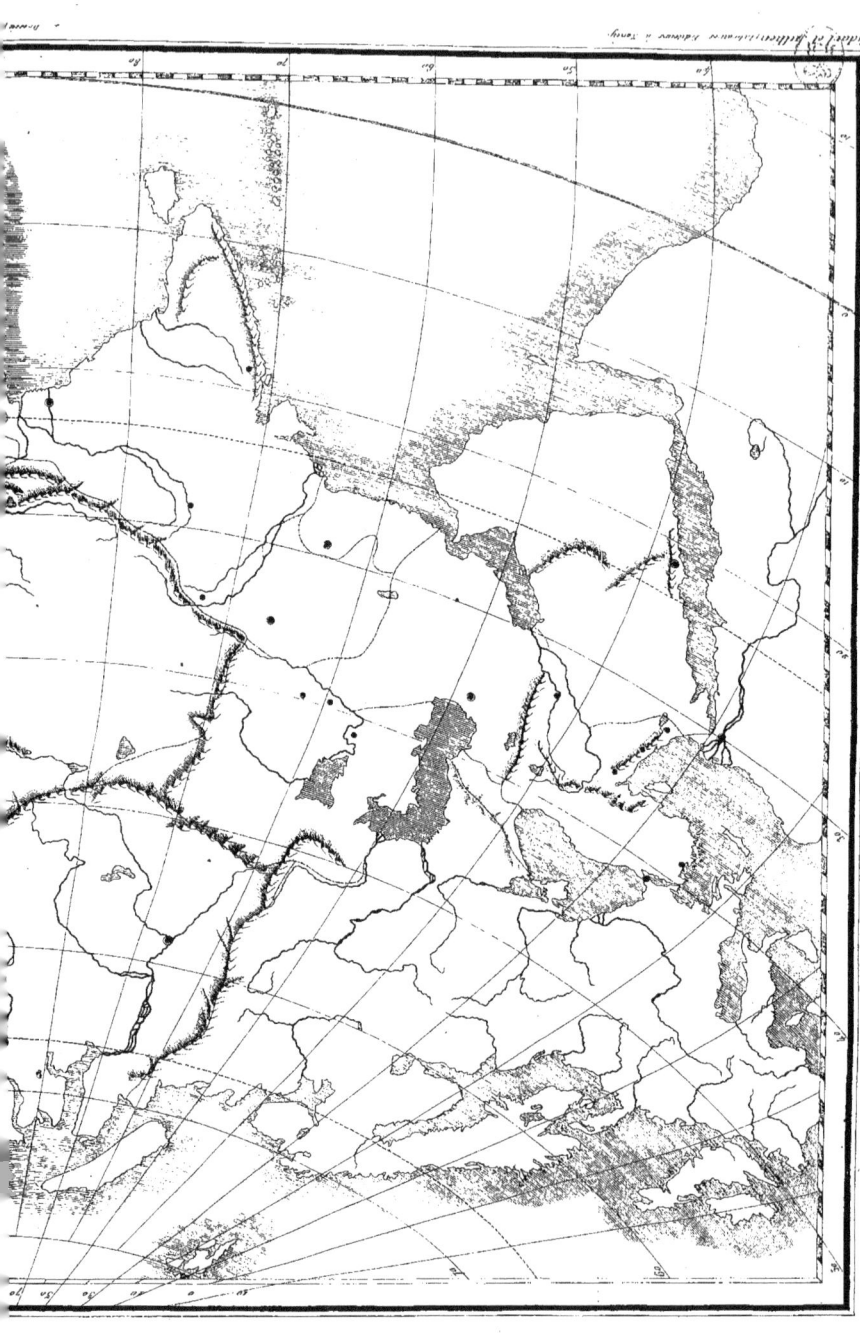

ASIE

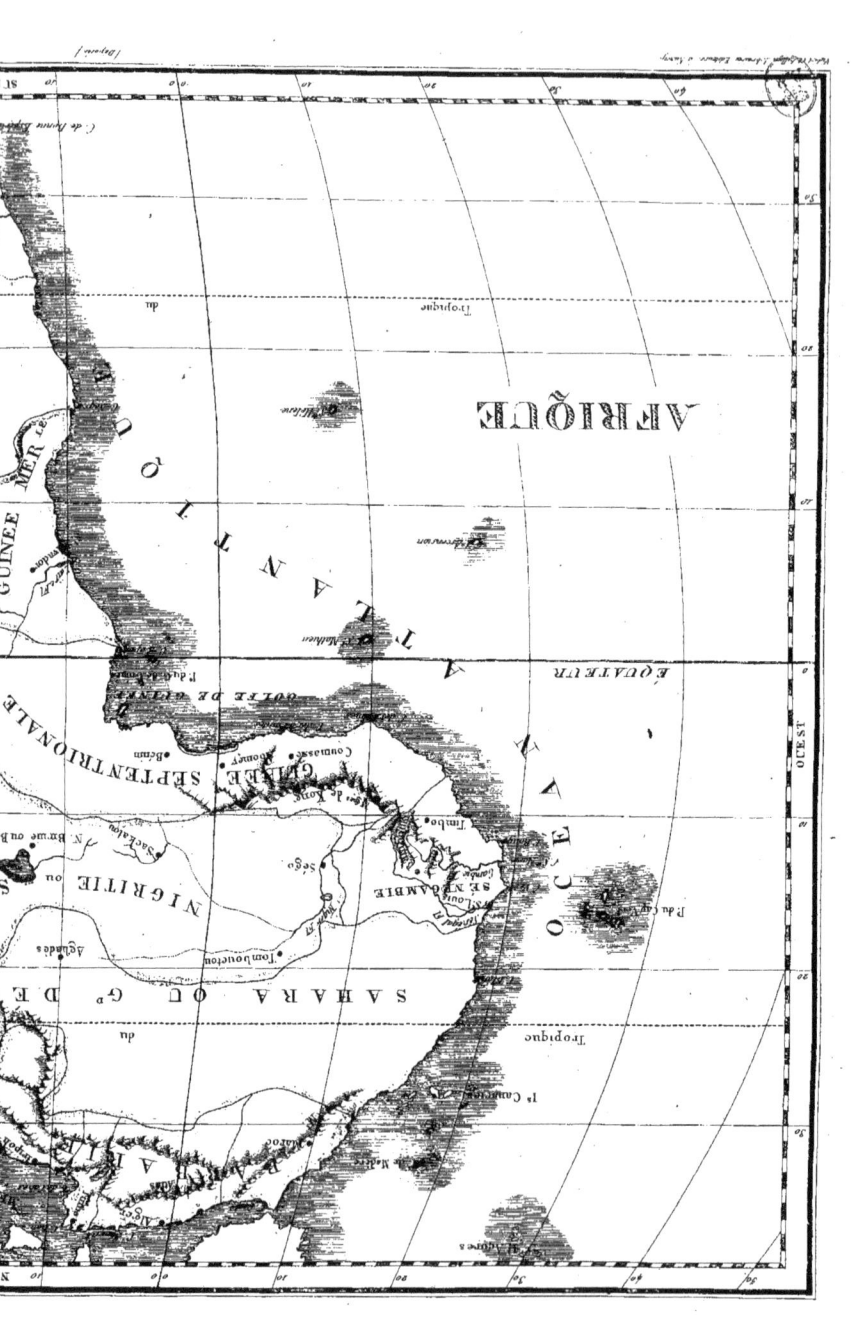

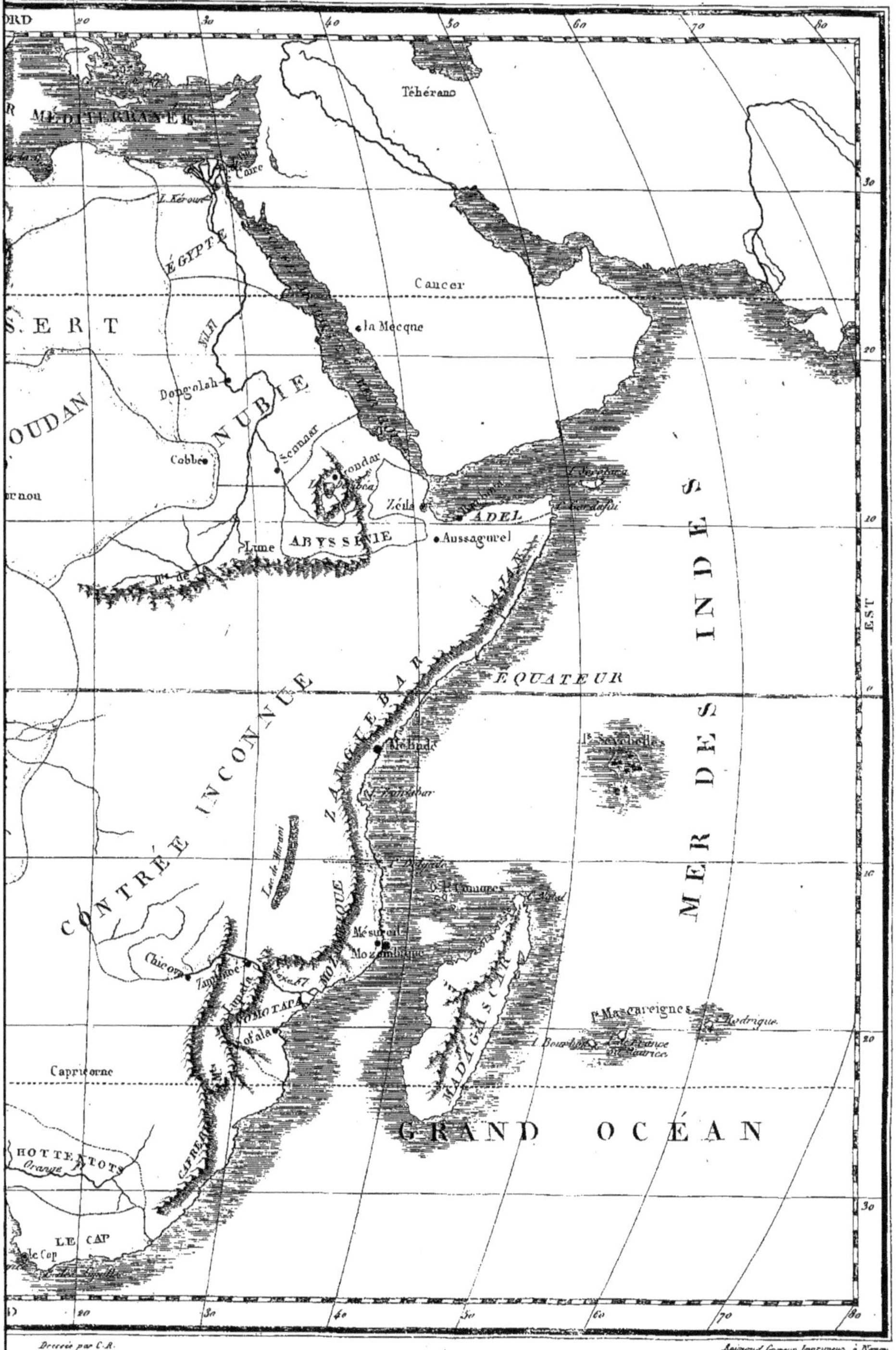


Dressée par C. R.

Raimond Graveur Imprimeur à Nancy.

AFRIQUE

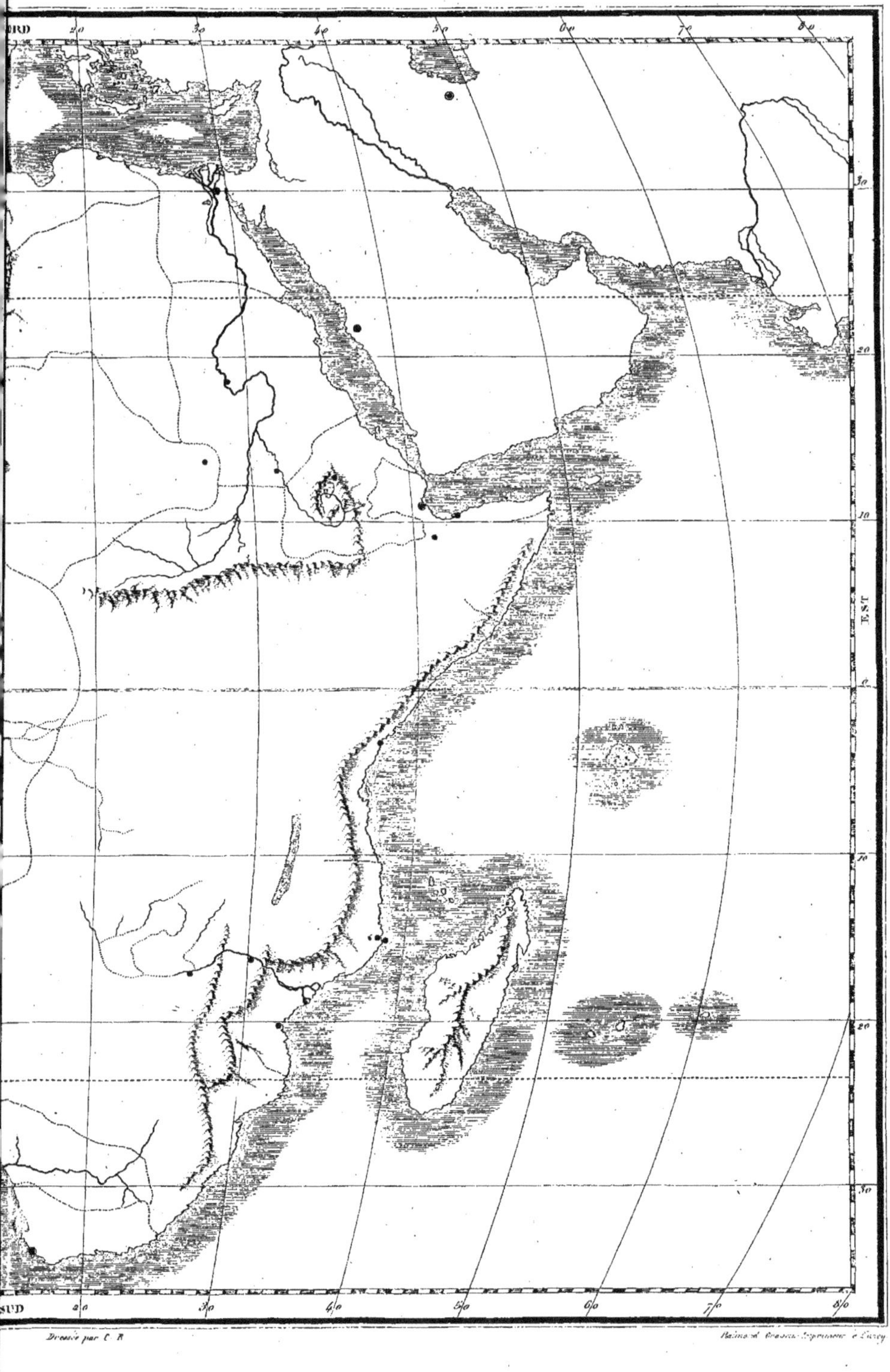


Dressé par C. R

www.ingramcontent.com/pod-product-compliance
Lightning Source LLC
Chambersburg PA
CBHW070706050426
4245ICB00008B/520